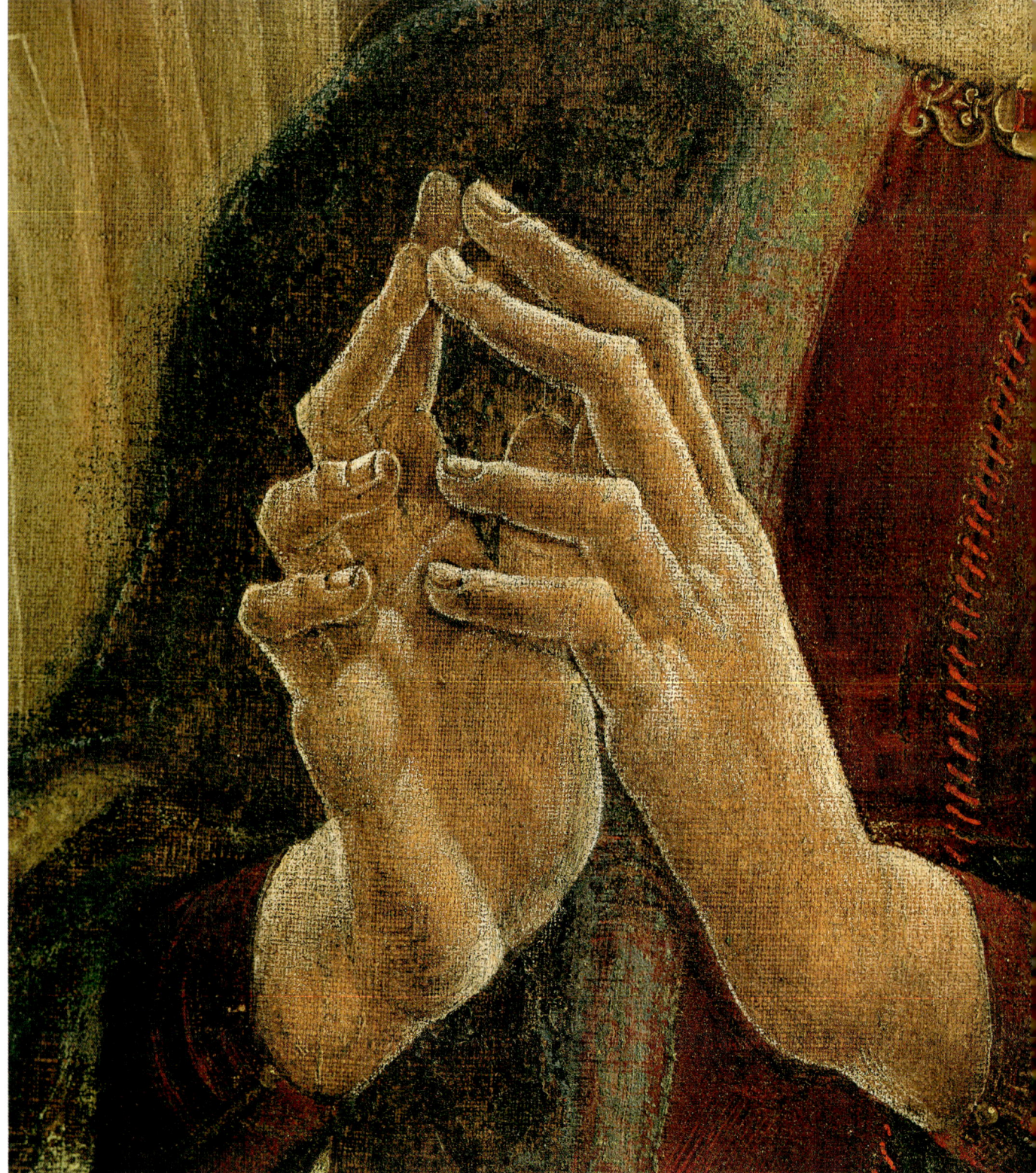

LUDWIG GÜTTLER

Es begab sich aber zu der Zeit

Das Weihnachtsoratorium neu entdeckt

benno

Jauchzet, frohlocket!
Die Imperative, das Tun

„Es begab sich aber zu der Zeit, dass ein Gebot von dem Kaiser Augusto ausging, dass alle Welt geschätzet würde." Ehe Johann Sebastian Bach den Evangelisten uns die Weihnachtsgeschichte in seiner Erzählung nahebringen lässt, hat er uns bereits mit einem begeisternden Eingangschor in strahlendem D-Dur in eine feierliche, begeisterte, aufrüttelnde Gemütslage versetzt. Wir vernehmen einen Imperativ nach dem anderen: *Jauchzet! Frohlocket! Preiset! Rühmet! Verbannet die Klage! Dienet dem Höchsten! Lasst uns den Namen des Herrschers verehren!* Das heißt für uns, die wir zuhören können, dass Johann Sebastian Bach diese Botschaft des Tuns grundsätzlich nicht nur meint, sondern verkündet. Der Imperativ, wir müssen es tun, wir müssen uns bewegen, wir müssen uns anregen lassen. Das ist sein Wunsch zum Anlass Weihnachten, dass wir uns ermannen, uns aufraffen, uns in Tätigkeit versetzen. Das wird uns durch das Weihnachtsoratorium hindurch verfolgen, während wir in das Werk und in die Zusammenhänge immer besser eindringen.

Giambattista Tiepolo, Kaiser Augustus und sein Hofstaat (1743)

Ein einziges Werk aus sechs Kantaten

Wir wollen versuchen, Bachs Absichten und die Mittel, mit welchen der geniale Komponist sie verdeutlicht, mit unseren Ohren hervorzuholen und nachvollziehbar, hörbar und damit begreifbar zu machen. Wir befinden uns am Anfang eines besonderen Kunststückes, nämlich des Kunststücks, sechs einzelne Kantaten, so wie wir sie kennen, auf die jeweils einzelnen drei Weihnachtsfesttage, Neujahr, Sonntag nach Neujahr und Fest der Drei Könige, sechs einzelne Kantaten, die für sich genommen voll gültige Werke sind, in zwei übergeordnete Zusammenhänge zu bringen, erstens als die jeweiligen Kantate I, II, III, IV, V und VI im Ganzen, zweitens aber auch jeweils auf die einzelnen Festtage bezogen.

Matthias Grünewald, Engelskonzert, Isenheimer Altar, Zweite Schauseite (1512-1516), Colmar, Musée d'Unterlinden

Fallt mit Danken, fallt mit Loben

Spiel im Kosmos der Tonarten

Schauen wir uns zunächst die ersten drei Kantaten an, später dann die Kantaten IV bis VI. Dabei irritiert uns zunächst beim ersten, oberflächlichen Hinblicken, dass die Kantate I in D-Dur steht, Kantate II in G-Dur, Kantate III in D-Dur, diese auffällig mit einem stark dominatischen A-Dur-Teil in sich, somit diesen Teil der ersten drei Kantaten harmonisch und kadenzmäßig schließend. Nun beginnt die Kantate IV völlig überraschend mit F-Dur, und hier ist es Bach fantastisch gelungen, mit dem neuen Jahr auch musikalisch etwas Neues zu beginnen. Im bisherigen Kadenz-Zusammenhang D-Dur, G-Dur, (A-Dur), D-Dur ist das F-Dur fremd und neu. Wir sehen weiter, dass es in der V. Kantate schließlich mit A-Dur weitergeht, der großen Dominante für alle sechs Kantaten, und selbstverständlich mit D-Dur in der VI. Kantate abschließt. Aber wir sehen auch, dass im Verlauf der F-Dur-Kantate (Kantate IV) die beherrschende Tenorarie „Ich will dir zu Ehren leben" in der Tonart d-Moll steht, nämlich der Paralleltonart zu F-Dur.

Hier erreicht Bach, dass das neue Jahr mit einer neuen Tonart beginnt, F-Dur, aber gleichzeitig durch ihre Parallele, durch das d-Moll im Kadenzverlauf aller sechs Kantaten nicht nur einen Platz hat, sondern eine höchst interessante, harmonische Ausweitung erfährt. Dabei ist es nicht unerheblich zu bemerken, dass die Gewissenhaftigkeit dieser harmonischen Planung ihn veranlasst hat, mindestens zwei von den Stücken, die er aus anderen bereits vorhandenen Werken hergeholt hat, zu transponieren, um sie genau in dieses Schema einzupassen.

Pier Francesco Bissolo, Die Beschneidung Jesu, Vatikanische Museen, Rom

Kantate(n) und Oratorium

Bach überschreibt diese sechs in sich selbstständigen Kantaten dezidiert im Textbuch als Oratorium. Sie sind selbstständige Kantaten und für ihn zugleich ein Oratorium. Das ist ein doppelter Anspruch, man kann auch sagen, ein Spagat, der im Grunde unseren Begriff eines geschlossenen Werkes aufs Äußerste herausfordert.

Die Zusammenhänge, die Bach hier schafft, entstehen zunächst durch den Erzähler, den Evangelisten, der die Geschichte über alle sechs Kantaten hinweg und damit logisch verbunden berichtet. Aber nicht nur die Ereignisse bringt er, sondern er bringt auch den jeweiligen Rückverweis auf das Alte Testament, auf die messianische Botschaft, auf die Weissagung, auf die Verheißung und die verschiedenen Ebenen, mit denen Johann Sebastian Bach uns diese Botschaft vermittelt. Gemeint ist die Ich-Botschaft, die Bach stets auf das Individuum zentriert, und zwar auf sich selbst. Wir werden noch sehen, wie er dies darzustellen vermag.

Fiorenzo di Lorenzo (1440-1525), Anbetung der Hirten, Perugia, Galleria Nazionale dell' Umbria

Ehre sei dir, Gott, gesungen

Vom Ich zum Du

Neben der Ich-Ebene gibt es auch eine Du-Ebene, also die direkte Ansprache Christi als Person, zum Beispiel in dem Choral „*Dein* Glanz all Finsternis verzehrt" (Nr. 46). Schließlich gibt es die Ebene der dritten Person, wo jemand über Christus spricht und sich zum Danken oder zu allen anderen Begriffen positioniert. So bekommen wir ein Gefühl von der szenischen Realität dieser Kantaten, weil es unterschiedliche Bedingungen sind, die sich in unterschiedliche Richtungen artikulieren. Dabei ist es interessant, wenn wir zunächst noch einmal auf die bereits erwähnten Imperative der Eingangschöre zurückkommen, weil diese Imperative noch eine größer werdende Rolle in der Betrachtung unseres Gesamtwerkes spielen werden: in der I. Kantate das „Jauchzet, frohlocket", wie wir es am Anfang hören. In der II. Kantate, die in der Subdominante das Tiefere, das Untergeordnete, das Menschwerden, das sich den Menschen offenbaren, das sozial Tiefstehende symbolisiert, betrachten wir zunächst die Situation. Aber auch dort sprechen die Imperative, indem die Hirten zueinander sagen: „Lasset uns nun gehen" (Nr. 26). Dabei ist jeder selbst bereits aktiviert. Beim Eingangschor der III. Kantate "Herscher des Himmel, erhöre das Lallen" schließlich ist das eigene Tun, unser Bemühen, unser Musizieren schon fast diskreditierend, herabgesetzt als „Lallen" bezeichnet. Das ist eine übergroße Bescheidenheit, die Bach dort zum Ausdruck bringt, denn er bezieht sich ja selbst mit ein. Und hier darf ich Peter Gühlke, einen befreundeten Dirigenten und Musikwissenschaftler, zitieren: „*Die Dialoge zwischen den beteiligten Figuren im Weihnachtsoratorium sind ja übersetzt, die drei Weisen aus dem Morgenland sind zum Beispiel zum Chor geworden. Es passiert überhaupt nur an drei Stellen in den sechs Kantaten, dass ein dramatischer Dialog entsteht. Er ersetzt das aber durch den Dialog der darstellenden Sänger, des Evangelisten mit den Handelnden. Es liegt ihm daran, nicht eine saubere und formale Trennung der Ebenen von Geschehnis und Berichtenden zu beobachten, sondern es geht ihm darum, das immer wieder zu durchbrechen. Und das schafft eine innere Dramatik der Struktur, die stärker ist, als wenn er die Dramatik im Dialog der Beteiligten so gestaltet hätte, wie er das teilweise in den Passionen getan hat.*"

Fra Angelico, Musizierende Engel, Detail aus: „Krönung Mariae mit Heiligen und Engeln", um 1434/35. Galleria degli Uffizi, Florenz

Fallt mit Danken, fallt mit Loben

Vom Ich zum Wir

Bach verfährt auf mehreren Handlungsebenen. Die eine ist die Anbetung. Das ist die Handlungsebene des Evangelisten. Er sagt, was geschah. Er sagt uns, auch mit Rückverweis auf das Alte Testament „denn also steht geschrieben" – das Zwangsläufige, die Verheißung. Eine andere Ebene sind die Könige zusammen mit Herodes. Eine weitere Ebene ist das Ich, in der Bach sozusagen sich selbst in die Musik hineinschreibt, wie ein Maler bei einem Altar sich selbst oder seinen Namen hineinstellt. Dann das große Wir, die Gemeinde. Und dann der Bach als eben nicht nur das Ich, sondern immer daraus abgeleitet das Bekenntnis, das nie in der Theorie stehen bleibt. Hier sind wir wieder beim unverzichtbaren Tun. Es muss getan werden, es muss gemacht werden wie die Musik auch, sie muss musiziert, sie muss gemacht werden! Das ist ihm wichtig. Es ist ihm so wichtig, dass er davon nicht ablässt. Etwa wenn er weitergeht: „Fallt mit Danken". Und gerade dort, wo die Kadenz ausweicht in der IV. Kantate mit dem F-Dur (Nr. 36), dort ist ja auch der Schalk Bach zu finden: „fallen" – lateinisch „cadere". Genau dort erweist sich, was in die Kadenz hineinfällt: „Fallt mit Danken". Später die Lobpreisung in der folgenden V. Kantate „Ehre sei dir Gott gesungen". Diese Kantate steht in A-Dur, der Dominante, das heißt, darauf kommt es ihm am meisten an. Er ist auch der Musikant: „gesungen", das ist hier das Entscheidende für ihn. Und genau dort ist harmonisch der größte Sprung vom F-Dur zum A-Dur, wobei das F-Dur genau die Mitte zwischen dem vorausgehenden D-Dur und dem ihm folgenden A-Dur einnimmt. Und im Anschluss und Abschluss in der VI. Kantate hören wir die Bitte um Beistand in der Anfechtung „Herr, wenn die stolzen Feinde schnauben, so halt uns im rechten Glauben" in D-Dur (Nr. 54).

Juan de Borgogna, Geburt Jesu (1504)

Erleucht auch meine finstre Sinnen
Das persönliche Bekenntnis

In den Bekenntnisarien meint und charakterisiert sich Bach selbst. Die am stärksten gerade das zum Ausdruck bringende Arie ist die Arie Nr. 47: „Erleucht auch meine finstre Sinnen". Und um das auch eindeutig zu machen, dass er sich selbst meint, lässt er die Oboe d'amore, das emblematische Instrument der Seele, spielen und den Bass singen. Aber – und das ist hier die Besonderheit – der Basso continuo, der nur deshalb so heißt, weil er eben kontinuierlich spielt und immer alles auf ihn bezogen ist, pausiert ausdrücklich auf seinen, Bachs Wunsch. Es spielt nur die Orgel. Bach sagt hiermit: Ich bin nicht der große Komponist, ich bin der Musiker, ich bin der Organist, das ist mein emblematisches Instrument. „Erleucht auch meine finstre Sinne". Ich meine mich! Ich gebe keinem anderen Empfehlungen, Anweisungen, nein, nein, ich meine mich! Und das geschieht in der V. Kantate in der Dominante, in der das Geschehen beherrschenden Tonart. Die Arie steht in der Parallele zu A-Dur, in fis-Moll. Zu dem die finsteren Sinne charakterisierenden fis-Moll steht dominantisch das Cis-Dur, der „helle Schein": „Wie hell, wie klar muss nicht dein Schein, geliebter Jesu, sein!" (Nr. 45). Dieser als Schlussakkord des Accompagnatos, welches dem bekennenden Chor der Drei Weisen folgt, ist der höchste Akkord in der Kadenzordnung im gesamten Weihnachtsoratorium, der helle Schein!

Wir müssen bei diesem Cis-Dur noch eines hinzufügen: Das war eine sehr gewagte Tonart, denn das ist mit der Stimmung der Instrumente außerordentlich schwierig zu realisieren. Die Wahl dieser Tonart symbolisiert also auch die höchste Bemühung. Wir dürfen nicht denken, dass, nachdem die wohltemperierte Stimmung erfunden war, sofort alle Instrumente darauf eingerichtet waren. Das war eine schwierige Tonart, der man sicher auch angehört hat, dass sie exponiert und gewagt war, zumal in der Terzlage das eis eben oben liegt, also sie auch noch nach oben strebt, obwohl sie bereits den hellsten Klang hat. Der dramaturgische Gegenpol ist die Erniedrigung von Christus in der II. Kantate: Dort, wo „Speise vormals sucht ein Rind", im Stall, „da ruhet itzt der Jungfrau'n Kind" (Nr. 17). Dieser Schlussakkord ist der tiefste Akkord im Weihnachtsoratorium, der Punkt der tiefsten Erniedrigung in C-Dur. Bach durchmisst also von C-Dur bis Cis-Dur den gesamten Tonarten-Kosmos.

Giovanni Comandu da Mondovi, Die Geburt Jesu (Detail), 1795

Schließe, mein Herze
Ergreifende Innigkeit

Auf der Ich-Ebene, der Bekenntnisebene, hören wir in der IV. Kantate: „Ich will nur dir zu Ehren leben" in der zentralen Tonart d-Moll (Nr. 41). Auf das Schlussgeschehen in der VI. Kantate zueilend vernehmen wir, wie glückhaft verkündet wird: „mein Schatz, mein Hort" (Nr. 62). Hier bezieht Bach dieses „mein" auf sich selbst. Den Punkt der größten Innigkeit erreicht er neben dem strahlenden „Jauchzet, frohlocket" in dem sich Versenken in der Arie Nr. 31 „Schließe, mein Herze, dies selige Wunder fest in deinen Glauben ein", welche Maria singt.

Es ist übrigens, und hier zitiere ich Peter Gühlke, *„insofern ein aufregender Fall, denn wir wissen, dass es hierzu eine Vorlage gegeben hat und wahrscheinlich hat Bach genau diese Arie in gewisser Weise als zentralen Punkt angesehen.*

Carlo Crivelli (1430-1493), Thronende Madonna, Detail des Altartriptychon aus dem Dom von Camerino, Mailand

Ganz ähnlich wie bei der Arie ‚Aus Liebe will mein Heiland sterben' in der Matthäuspassion hat er sich offenbar nachträglich dazu entschlossen, nicht ein schon komponiertes Stück zu wählen. Er hat aber genau die textliche Struktur, die diesem Stück ehemals zugrunde gelegen hat, übernommen, also genau in dieser Arie hat er auf die Übernahme einer schon vorhandenen Musik verzichtet. Das zeigt, welches Gewicht für ihn diese Arie gehabt haben muss. Er hat dort auch zu unterschiedlichen Wertigkeiten gefunden, eben durch sein eigenes Bekenntnis. ‚Schließe mein Herze' ist eine solch innige Arie und sie steht in h-Moll. Die Haupttonart des gesamten Weihnachtsoratoriums ist D-Dur! Und hier haben wir die Parallele dazu. In der II. Kantate haben wir die Arie Nr. 19 ‚Schlafe, mein Liebster'. Dort ist der Parodiefall aus der weltlichen Kantate ganz eindeutig. Es ist eine von den transponierten Arien und es ist sehr interessant, dass er jetzt gegenüber der Vorlage, die wir in diesem Fall kennen, aus der Kantate ‚Herkules auf dem Scheideweg' BWV 213, die Flöte dazunimmt und noch mehr Lyrik, noch mehr Innigkeit, noch mehr Intimität schafft, sie aber von B-Dur nach G-Dur verpflanzt, in diese ‚menschliche', subdominatische Tonart, in diesen harmonischen Kanon – und er wäre nicht Bach, wenn er dieses einmal erkennbare Prinzip nicht gleich wieder bricht, denn in der I. Kantate bringt er den Ich-Bezug mehrfach, aber im Abschluss Choral Nr. 9 (‚Ach, mein herzliebes Jesulein') bricht er den Ich-Bezug und bringt dort das Schlichte, das Krippenkind. Die Zwischenspiele nach der Arie ‚Großer Herr, o starker König' sind bereits die Königsfanfaren, die für sich genommen in diesem Choral im Gegensatz dramaturgisch aufeinander bezogen sind."

Ich möchte zu diesen vielen Ich-Bezügen noch eines ergänzen. Dieses Ich ist natürlich, ausgenommen die vorhin erläutere Passage Nr. 47, wo Bach nur die Orgel spielen lässt und sich in der Musik direkt abbildet, emblematisch und stellvertretend zu verstehen, vergleichbar wie es in der Matthäuspassion an der entscheidenden Stelle nach dem Kreuzestod Jesu ist. Es heißt dort eben: „wenn *ich* einmal soll scheiden". Das ist zwar ein subjektiver Bezug, aber dieses Ich ist natürlich das kollektive Ich der Gemeinde. Die Identifikation jedes Einzelnen mit dem Text soll so eindringlich gemacht werden wie möglich, deshalb das „ich". Stünde dort ein „wir", es wäre etwas unverbindlicher! So wählt Bach dieses stellvertretende Ich, das auf jeden zutrifft, der es hört und mitsingt. Es ist dann durch die Form des Chorales Nr. 5, wo es alle mitsingen: „Wie soll ich dich empfangen" (in der Melodie „O Haupt voll Blut und Wunden") zum Ausdruck gebracht.

Ich will dich mit Fleiß bewahren

Die Vielfalt der Choräle

In der III. Kantate singt der Chor in Nr. 33 kurz vor Abschluss der Kantate: „Ich will dich mit Fleiß bewahren". Dort ist dieses Ich durch die Vielzahl der Sänger zum Wir erweitert, sozusagen multipliziert.

Die Nr. 38 hingegen ist eine Sonderform. Er geht über das zuvor Entwickelte einen Schritt hinaus, er erhöht die Spannung, indem er dialogisieren lässt insofern, dass es heißt: „Emanuel, du süßes Wort". Emanuel ist hebräisch und heißt „Gott ist mit uns". „Mein Jesus heißt mein Hort", singt der Bass, und dann folgt die Choraleinführung „Jesu, du mein liebstes Leben, meiner Seele Bräutigam" durch den Sopran. Das ordnet Bach zueinander und bringt jetzt das vorige Ich und das jetzt erworbene Wir in eine gemeinsame Form, sogar insofern, indem er den Choral mit dem Rezitativ zusammenfügt. Es ist aber kein Seccorezitativ (was dem Evangelisten vorbehalten ist), sondern ein Accompagnato (eingekleidet). Und schließlich in der Nr. 42, dem Abschlusschoral der IV. Kantate: „Jesus, richte mein Beginnen" und dementsprechend in der letzten, der VI. Kantate: „Ich steh an deiner Krippen hier" (Nr. 59). All das singen die versammelten Ichs, das Wir, letztlich die Gemeinde. Auch hier möchte ich Peter Gühlke zitieren: „*Man muss auch noch dazu sagen, dass die Wahrnehmung der Choräle eine Breite der Möglichkeiten erreicht hat, wie bei keinem anderen Werk von Bach. Da ist auf der einen Seite noch der alte Kantionalsatz, der zu äußerster Subtilität durchgeprägt wird, aber der noch ganz den Regularien des gemeinsamen Gemeindegesanges unterliegt und auf der anderen Seite sind die Choräle, in die Einblendungen passieren, besonders die in den jeweiligen Schlussnummern der Kantaten, also die Hirtenmusik Nr. 23 oder die Jubelmusik Nr. 46, d.h. der Choral ist auf vielfältigste Weise verwendet.*"

Jan Gossaert, Anbetung der Könige (1510-1515),
London, National Gallery

Wie soll ich dich empfangen

Der Choral als Rahmen

*Hugo van der Goes,
Die Anbetung der Hirten
(um 1470), Berlin,
Staatliche Museen*

Das Entscheidende ist, dass der Choral Nr. 5 „Wie soll ich dich empfangen" auf die Melodie von „O Haupt voll Blut und Wunden" der erste im Weihnachtsoratorium und der letzte ist. Der letzte Choral, Nr. 64 „Nun seid ihr wohl gerochen" (im Sinne von „gerächt") wird nämlich ebenfalls auf die Melodie von „O Haupt voll Blut und Wunden" gesungen. Dieser Choral umspannt also das gesamte Werk, alle sechs Kantaten. Das ist von einer so unglaublichen theologischen Hintergründigkeit, und damit ist das Weihnachtsoratorium auch mit den Passionen Bachs verbunden.

Wir sollten nicht vergessen, dass Bach da im Grunde im theologischen Sinne auch so etwas wie die Ratlosigkeit gegenüber dem Geschehen ausgedrückt hat. Hier will ich nur sagen, dass diese theologischen Erörterungen, die bei der Passionsgestaltung mit äußerster Schärfe bestanden haben, natürlich den Hintergrund des Weihnachtsoratoriums bilden, das dann vier Jahre später komponiert wurde.

Großer Herr, o starker König

Die verehrende Ansprache an Gott

Wegen dieses noch weiteren Beziehungsrahmens zu den bereits zu dieser Zeit existierenden Passionen gewinnen beispielsweise die Arien eine Bedeutung in unserer Betrachtung, die nicht das Ich zum Zentrum haben, sondern die direkte Ansprache an Gott und an Christus, beispielsweise die Arie Nr. 8 „Großer Herr, o starker König". Die Einleitung geschieht in kurzen Noten und der Sänger beginnt in ausladenden, verdoppelnden Vierteln. Der Sänger beginnt also, weil es ein großer Herr ist, in der Vergrößerung. Diese direkte Ansprache an Gott und an das Jesuskind bringt im szenischen Gefüge eine andere Positionierung der gerade Handelnden bzw. sprechenden und singenden Figuren. Und da ist die Arie Nr. 8 mit der ehrerbietigen Ansprache „Großer Herr". Wichtig ist auch, dass Bach im B-Teil dieser Arie (der A-Teil ist vorn, dann kommt der anders gestaltete B-Teil und dann wird der A-Teil wiederholt, deswegen heißt es auch Da-capo-Arie) in die dritte Person wechselt und nicht mehr zu Gott spricht, sondern über Gott, „der die ganze Welt erhält". Er nimmt die Position eines Predigers und Verkünders ein.

Giuseppe Brena, Der junge Jesus als Pantokrator (18. Jh.)

Obwohl es die Arie ist, wo er im Gegensatz zur Erniedrigung die Majestät und den Gottessohn als König apostrophiert, bringt er auch dort diesen Gegensatz, dass Gott, der „die ganze Pracht der Welt erschaffen" hat, in der harten Krippe schlafen muss. Dieser Gegensatz, dieses Oben und Unten ist ihm immer wichtig. Und ein kleiner Schmunzler: Ein Wort wie „schlafen" oder „ruhen" bringt Bach immer dazu, einen langen Ton auszuhalten. Und der kleine Witz ist der, dass der Bass singt „muss in harten Krippen schlafen" und mit einer kurzen Note endet, und der Basso continuo „schläft" weiter und hält den Ton ein ganzes Viertel lang.

Sassoferrato (1609-1685), Anbetung der Hirten

Herr, dein Mitleid

Die Aussagen der Arien

Ein für mich wichtiger Gesichtspunkt ist in Bezug auf die Arien, dass sie über wechselnde Perspektiven verfügen. Diese unglaublich individuelle Gestaltung erstaunt mich immer wieder. Sie sind architektonisch in Bezug auf jede einzelne Kantate, aber auch im Gesamtzusammenhang aller sechs Kantaten von einer unglaublich präzisen Zuordnung. In jeder Kantate finden wir zwei Arien. Bei der Arie „Großer Herr, o starker König" wird – nach dem Eingangschor – hier zum zweiten Mal die Trompete bewusst und sehr solistisch herausgestellt: Achtung gebietend und als Symbol des Herrschers, des Königs. Die Trompete ist hier nicht nur Musikinstrument, sondern das Emblem des Königs.

Unter den Arien gibt es sehr Du-bezogene, die man auch als Ansprache-Arien bezeichnen könnte, z. B. „Herr, dein Mitleid, dein Erbarmen" (Nr. 29) in der symbolischen Fünfstimmigkeit, denn es ist von Christus die Rede, und seine symbolische Zahl ist die Fünf. Er hat nach der Eins für Gott, die Zwei als Christus und die Drei als Mitglied der Trinität, was durch die Anzahl der Stimmen auch musikalisch verdeutlicht wird. Ganz überhöht und eindeutig ist diese Fünfstimmigkeit im „Quoniam et solo sanctus" in Bachs h-Moll-Messe. Hier aber in der Nr. 29 sagt Bach im B-Teil „Deine holde Gunst und Liebe, deine wundersamen Triebe machen deine Vatertreu wieder neu". Hier schlägt die ursprüngliche Bitte in eine heitere Gewissheit um. Auch hieran sehen wir, wie Bach alles entwickelt, verändert, prozesshaft sieht und niemals stehen bleibt. Dieses Dialogisieren, diese Du-Ansprache erfährt noch eine Steigerung in der sogenannten Echoarie (Nr. 39). Dort stellt die Sängerin eine Frage: „Flößt, mein Heiland, flößt dein Namen ... Schrecken ein?", und in dem Moment, wo sie es ausspricht, spricht sie das Jesuskind selbst an und spricht über es. Das ist eine neue Dimension, eine beliebte Form im Barock, einen neuen Raum, eine neue Person durch das Echo in den Ablauf einzubeziehen. Erwähnen möchte ich unbedingt, dass die Oboe, das Instrument der Seele, hier das eben emblematische Instrument ist. Und der Vollständigkeit halber der Hinweis, dass diese Arie im 6/8-Takt in einer Tanzform komponiert ist. Damit unterstreicht die Anlage und die Form noch einmal die Heiterkeit des Geschehens.

*Lucas Cranach der Ältere, Gnadenbild Mariahilf,
nach 1537, Hochaltar des Innsbrucker Doms*

Jesu, meine Freud und Wonne

Gewissheit aus einer anderen Welt

In der Nr. 40 singt der Bass „Wohlan, dein Name soll allein in meinem Herzen sein" und hier führt er in diesem Accompagnato, also dem begleiteten Rezitativ, einen Choral ein, der sich dadurch auszeichnet, dass er nur vom Chorsopran gesungen wird und so in dieses Geschehen solistisch hineinklingt. Dieser Choral kommt wie aus einem anderen Raum, wie aus einer anderen Welt: „Jesu, meine Freud und Wonne". Dieses Dialogisieren entsteht nicht nur durch zwei Personen, zwei Betrachtungsebenen, sondern es sind auch, lapidar bezeichnet, „recitativ con choral" (Rezitativ mit Choral) verschiedene Formen, die sich miteinander vereinen. Ein wunderbares Stück! Diese Fragezeichen „ach, wie soll ich würdiglich preisen dich?" durch den Choral und die Schlusszeile des Sängers „wie rühm ich dich, Liebster sage, wie dank ich dir?" enden in Vorhalten, immer noch in der Suche nach Antwort. Jedoch das Stück klingt mit einem komponierten Fragezeichen aus. Die Antwort ist die Tenorarie mit zwei Soloviolinen und Generalbass: „Ich will nur dir zu Ehren leben". Hier steht das Ich für die ganze Gemeinde, ja, für die ganze Welt. Diese Arie, die vierstimmig daherkommt, besitzt durch ihre Stimmigkeit die Ordnungszahl Vier, die die ganze Welt symbolisiert. Zum Verständnis: Vier ist die Zahl, die mit allem Irdischen assoziiert wird: vier Himmelsrichtungen, vier Tageszeiten, vier Jahreszeiten, vier Elemente. In diese Arie kommt aus dem vorangegangenen Hineinversenktsein durch die unendlich wirkenden Kolloraturketten und die Bewegungsfreude, die sie ausdrücken, das „Unendliche" hinein.

Andrea Mantegna, Anbetung der Könige (1466),
Detail eines Triptychons, Florenz, Galleria degli Uffizi

Zwar ist solche Herzensstube

Die Kraft des Lichtes

Bach bringt das aus den Arien Herausfließende und Strömende weiterführend sogar in die Choräle hinein. So scheint im Choral Nr. 53 die Aussage zwar relativiert, denn der Chor singt „Zwar ist solche Herzensstube wohl kein schöner Fürstensaal ..., doch sobald dein Gnadenstrahl in denselben nur wird blinken, wird es voller Sonnen dünken". Unüberhörbar die hier aufgerufene Symbolik des Lichtes, des Gnadenstrahls, des hellen Scheins. Hier schließt auch in A-Dur die V. Kantate ab. Schlicht in unglaublichem Gegensatz mit dem Chor „Ehre sei dir, Gott, gesungen" vom Beginn dieser, die Dominante ausformenden Kantate.

Govert Flinck, Verkündigung an die Hirten, 1639, Paris, Musée National du Louvre

Ehre sei dir, Gott, gesungen

Mitreißend und begeisternd

„Ehre sei dir, Gott, gesungen" ist ein Chor von höchster Beweglichkeit des sich gegenseitig begeisterten Zurufens. Jeweils zwei Stimmen beginnen mit dem „Ehre", die anderen fallen herausgefordert ein. Es wirkt wie zufällig, wie improvisiert, wie spontan soeben entstanden. Das ist von einem mitreißenden Impetus und einer uns anspringenden Lebendigkeit, besonders bei dem Text „dir sein Lob und Dank bereit".

Hier wird mit dem Bezug auf Loben und Danken eine weitere Verbindung zur vorherigen Kantate Nr. IV aufgenommen. Bach macht deutlich, dass dieses Loben und Danken, welches „dir" gewidmet ist, nicht einfach so nebenbei „aus dem Handgelenk heraus" passiert, denn die Anforderung an den Chor ist enorm hoch. Wenn man den Umstand berücksichtigt, dass an diesen ausgewählten sechs Feiertagen das ganze Ensemble diese Kantaten jeweils zweimal – einmal in der Nikolaikirche und einmal in der Thomaskirche – spielen und singen musste (mit Ausnahme von zwei Sonntagen, an denen es nicht ging), dann wird deutlich, wie leistungsfähig der Chor sein musste.

Meister von Flemalle (1378-1444), Die Geburt Christi,
Detail, Digione, Musée des Beaux-Arts

Bereite dich, Zion

Aus unserem Leben gegriffen

Was uns weiterführt und eindringen lässt in die Bach'sche Materie ist, wie er die unterschiedlichen Ebenen kombiniert: die Ich-Ebene, die Du-Ebene, die Ebene der dritten Person, wie er dieses „Er" der dritten Person kombiniert, so zum Beispiel mit einer stellvertretenden Person. Zu Beginn der I. Kantate wird nach dem fulminanten „Jauchzet, frohlocket!" der Bezug zum „Ich" durch das Pronomen „mein" sofort hergestellt. „Nun wird *mein* liebster Bräutigam" (Nr. 3). Hier wird sofort das Bild vom Licht, vom Strahl bemüht. Darauf folgt dieses „Bereite dich, Zion" (Nr. 4). Es wird also eine andere Person angesprochen. Gemeint ist mit Zion ein Volk, und der Komponist spricht zu diesem Volk: „Bereite dich, Zion". Er präzisiert: „Deine Wangen müssen heut viel schöner prangen". Das sind Worte, die zu einer Braut gesagt werden, welche sich vorbereiten soll, ihren Bräutigam „sehnlichst zu lieben". Ein ganz konkreter Bezug, der wiederum noch einmal erhärtet, wie allein schon das Heranziehen von aus dem Leben gegriffenen Beispielen und Situationen, die die Menschen kennen – Braut und Bräutigam –, dieses Geschehen umso anschaulicher und begreifbarer macht. Hier verbietet es sich, zwischen „geistlich" und „weltlich" unterscheiden zu wollen, wenn wir bedenken, dass auch diese Arie mit einem völlig anderen Text die Ausgangsbasis für dieses wunderbare Werk darstellt.

Giovan Battista Salvi (1609-1685), Betende Maria, Salamanca, Museo Provincial de Bellas Artes

Herrscher des Himmels

Die Bitte um Anerkennung

Die dritte Person tritt wie ein Zeuge auf, indem beispielsweise im Choral Nr. 12 formuliert wird: „... dass dieses schwache Knäbelein soll unser Trost und Freude sein, dazu den Satan zwingen und letztlich Friede bringen" oder im Rezitativ Nr. 14: „Was Gott dem Abraham verheißen, dass lässt er nun dem Hirtenchor erfüllt erweisen". Das ist wie eine Einvernahme von Zeugen. Oder in der folgenden Arie Nr. 15 für Tenor, Flöte und B.c. „Frohe Hirten, eilt, ach eilet, eh ihr euch zu lang verweilet". Ebenso im Choral Nr. 17 „Schaut hin, dort liegt im finstren Stall ... da ruhet itzt der Jungfrau Kind". Oder in dem Choral Nr. 28 „... sein groß Lieb zu zeigen an". Die Wertungen und Differenzierungen, die uns hier begegnen, sind offenkundig ebenso im Choral Nr. 35, dem Abschlusschoral der III. Kantate, die dadurch eine große Abrundung erfahren, dass der Eingangschor der Kantate „Herrscher des Himmels" (Nr. 24) wiederholt wird.

An dieser Stelle, wo zwei Choräle fast unmittelbar aufeinanderfolgen (Nr. 33 und 35), erfolgt das Choralgeschehen ja bereits durch das Erheben der Stimme der versammelten Gemeinde. Das hat dramaturgisch eine hohe Wertigkeit. Also erst „Ich will dich mit Fleiß bewahren", dann kehren die Hirten wieder um im Rezitativ, „preiseten und lobten Gott", und dann kommt „Seid froh dieweil, dass euer Heil ist hie ein Gott und auch ein Mensch geboren". Dieser Doppelcharakter, „der welcher ist der Herr und Christ in Davids Stadt von vielen auserkoren", ausgewählt – auserwählt – der Erwählte – der Messias, darauf wird Bezug genommen. Der Abschluss dieser Kantate ist die Wiederholung ihres Eingangschores und die III. Kantate wird abgeschlossen mit der Bitte „Herrscher des Himmels, erhöre das Lallen".

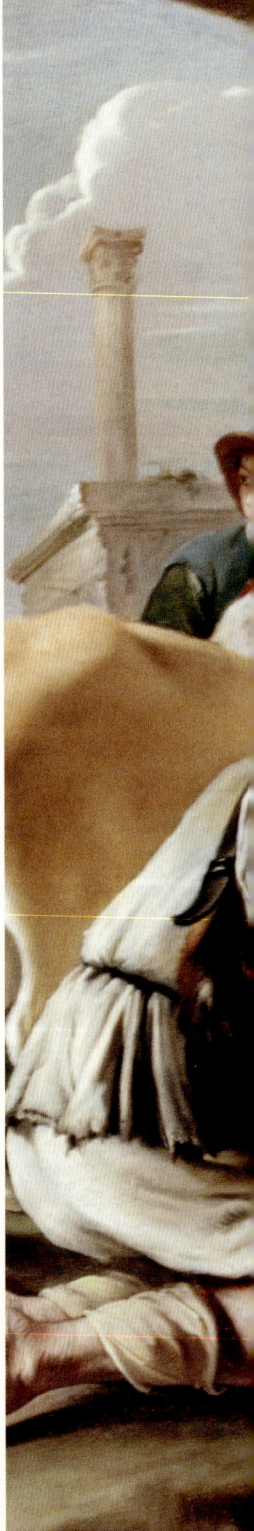

Louis Le Nain (um 1593–1648), Anbetung der Hirten

Nur ein Wink von seinen Händen

Bachs Instrumentalmusik im Dienst des Glaubens

Sehr auffällig ist auch das Bemühen einer dritten Person in der kurz vor Schluss der VI. Kantate erklingenden A-Dur-Arie Nr. 57 „Nur ein Wink von seinen Händen stürzt ohnmächtger Menschen Macht. Hier wird alle Kraft verlacht". Dieses Stück ist etwas ganz Besonderes. Es erklingt als Tanzform, die zwar im Dreivierteltakt notiert ist, aber letztlich im Zweiertakt erklingt. Und beim Text „hier wird alle Kraft verlacht" setzt Bach sich über Ordnungsprinzipien hinweg. Auch über das Charakteristische einer Arie setzt er sich hinweg, denn sie hat den größten instrumentalen Teil an Zwischenspielen im gesamten Weihnachtsoratorium und ein völlig für sich stehendes, langes Nachspiel. Hier bringt Bach noch eine weitere, von uns so nicht vermutete Stellungnahme: Auch die von mir komponierte Instrumentalmusik ist, im Dienste meiner Überzeugung, meines Glaubens zu singen. Es ist nicht nur das Bibelwort, das ihr kennt! Es wird in dieser Arie der Schlusschor vorweggenommen, wo die Dramaturgie uns am extremsten erreicht, indem in der Aufnahme von „O Haupt voll Blut und Wunden" zum „nun seid ihr wohl gerochen an eurer Feinde Schar" es eben weitergeht mit „Tod, Teufel, Sünd und Hölle sind ganz und gar geschwächt". Die einzige auskomponierte Fermate ist „das menschliche Geschlecht" und das dauert vier lange Viertel. Jedoch die Musik des Orchesters einschließlich der Trompeten ist ein Siegesgesang sondergleichen und auch ein Hohngelächter über die sich am Boden windende Schlange. Diese Beziehungslinien verlaufen auf eine so vielfältige Weise von Anfang an, von „Jauchzet, frohlocket" bis zum Schlussakkord der VI. Kantate und es ist eben so, dass wir hier eine szenische Komposition mit unglaublich direkten Aussagen haben.

Anbetung der Hirten, Hochaltar der Basilika
St. Ulrich und Afra, Augsburg

Und es waren Hirten in derselben Gegend

Die Freude der Hirten auf dem Weg zur Krippe

Gehen wir noch einmal zurück zur II. Kantate. Hier sind das Ich und das Du anders positioniert. Die Hirten auf dem Feld und die herabsteigenden Engel charakterisiert Bach zunächst in einem Stimmungsgemälde, einem Siciliano. Mehr als deutlich haben wir gehört, wie die Flöten mit den Streichern zusammen musizieren im Gegensatz zu den nach ihren typisch überlieferten Traditionen musizierenden Hirten mit ihren vier Oboen. Nach dem Verklingen dieser Symphonia berichtet uns der Evangelist, dass die Hirten, die in derselben Gegend auf dem Feld waren, beim Gewahrwerden der Engel sich sehr fürchten. Das führt zu der Aufforderung im Choral Nr. 12 „Brich an, du schönes Morgenlicht", der mit „und letztlich Frieden bringen" endet, zuvor aber „den Satan zwingen", was auch im Schlusschoral der VI. Kantate das zentrale Thema ist, aber hier nicht mit Bitte oder Seufzer um den Frieden, sondern den Sieg verkündend.

In der II. Kantate haben wir die Verheißung im Rezitativ Nr. 14 „Was Gott dem Abraham verheißen", dann die Aufforderung, dass die Hirten sich eilend zum Stall begeben sollen. Dieser Weg zum Stall führt im Choral Nr. 17 „Schaut hin, dort liegt im finstern Stall" zum Ort der tiefsten Erniedrigung bei der Textstelle „da ruhet itzt der Jungfraun Kind". Im Rezitativ Nr. 18 wird der Imperativ intensiviert. Nun geht doch ihr Hirten, dass ihr das Wunder seht! Und der Komponist Bach sagt, das Schönste ist, wenn ihr ihm „aus einem süßen Ton und mit gesamtem Chor ein Lied zur Ruhe" vorsingt. Mit der Nr. 19 folgt dann diese unglaubliche Arie „Schlafe, mein Liebster".

Domenico Ghirlandaio, Anbetung der Hirten
(1483–1486), Florenz, Sassetti-Kapelle, Santa Trìnita

Ehre sei Gott in der Höhe

Hirten und Engel musizieren

Das Geschehen läuft darüber hinaus auf einen Höhepunkt zu, wie wir inzwischen wissen. Nämlich als der Engel das verkündet hat, da war bei ihm „die Menge der himmlischen Heerschaaren, die lobten Gott und sprachen". Und nun beginnt dieser virtuose, schwer zu singende Chor „Ehre sei Gott in der Höhe" (Nr. 21). Dieser ist dreigeteilt in „Ehre sei Gott in der Höhe", in „Friede auf Erden" und in den Teil „und den Menschen ein Wohlgefallen". Während der Chor singt „Ehre sei Gott in der Höhe", beobachten wir die Engel und die Oboen und die Streicher. Sie machen nur Stückwerk, sie komplementieren und ergänzen mit Rhythmuseinwürfen, sie stottern zu dem Geschehen bis zum Text „und Friede auf Erden". Beim Erklingen des Wortes „Friede" hören wir plötzlich unterschiedliche Positionen und Funktionen. Die Flöten und die Streicher seufzen um Frieden, denn den haben weder sie noch wir. (Der Friedensseufzer ist übrigens eine musikalische Gattung.) Und auch die Harmonik erzeugt durch die verwendete Chromatik eine Art Seufzen und Klagen. Die Hirten beteiligen sich jedoch nicht daran. Sie halten ihre vorherigen langen Töne aus, alle vier, natürlich in den Harmonien, die gebraucht sind, aber sie beteiligen sich nicht am Seufzen um Frieden. Den haben sie soeben gefunden. Aus Sicht der Hirten ist der Friede mit dem Wohlgefallen eng verbunden. Bach bringt das zum Ausdruck, indem er die Hirten nicht aufgeregt und klagend agieren lässt, sondern sie fahren in ihrer gewohnten Art des Musizierens fort.

Und jetzt folgt eine starke Aussage. Die Chorbässe verkünden eine fundamentale Wahrheit, indem sie Pauke spielen (singen). Und wenn wir bei „Jauchzet, frohlocket" in der I. Kantate mit Trompeten und Pauken begonnen haben, so hören wir hier nicht diese, sondern gedämpfte Pauken. Gedämpfte Pauken wurden gespielt, wenn ein weltlicher Herrscher zu Grabe getragen wurde. Bach sagt hier also ganz eindeutig, der Frieden ist nur zu haben, wenn wir wieder so einen „Kampfhahn" beerdigen. Und der Basso continuo ist an diesen Stellen starr vor Schreck, er bleibt liegen.

Fresco in der Franziskaner-Kapelle auf den Hirtenfeldern bei Bethlehem

Auf einmal kommt dieses Aufraffen beim Text „und den Menschen ein Wohlgefallen" einfach durch das Freudenmotiv und die Bewegung und das gegenseitige Übertreffen der Stimmung. Auch dort spielen die Hirten unbeeindruckt. Sie fallen in das Wohlgefallen nicht ein. Sie spielen nur lauter, behaupten ihre Position. Sie beteiligen sich nicht am virtuosen Tun, bis wieder „Ehre sei Gott in der Höhe" gesungen wird. Dort gibt es den Rückgriff auf den Anfang, diese einzelnen sich ergänzenden kurzen Einwürfe. Auch der Bass spielt wieder die Pauken bei „Friede auf Erden", die gedämpften Pauken mit ihrer Symbolik. Aber jetzt ändert sich das. Beim letzten Mal des Aufrufens der Textstelle „und ein Wohlgefallen" hat es auch die Hirten erfasst. Beim Wort „Frieden" stimmen sie nicht kommentierend ein, beim „Wohlgefallen" jedoch vereinigen sich die Hirten mit ihren Oboen und den anderen Instrumenten und sind am Ende alle eins. Erst das letzte Wohlgefallen vereint sie.

Bis dahin waren die Engel die Verkündenden und Handelnden. Die anderen waren die Rezipienten und Abwartenden und sich Fürchtenden. Jetzt aber spricht im Rezitativ Nr. 22 „so recht, ihr Engel, jauchzt" ein Hirte. Das heißt, der Protagonist ist nicht mehr der Engel, sondern ein Hirte. Er hat die Führung übernommen. Und jetzt bringt Bach diesen abschließenden Choral mit der Thematik der Eingangssymphonia und es heißt "Wir singen dir in deinem Heer".

Sebastiano Filippi, Anbetung der Hirten (um 1565)

Wir singen dir in deinem Heer

Die Vollkommenheit in der Vierstimmigkeit

Der Schlusschoral der II. Kantate ist ausschließlich auf die Erde bezogen. Wieso? Obwohl er vollstimmig erscheint, haben wir hier zwei vierstimmige Sätze. In der ersten Choralzeile „Wir singen dir in deinem Heer" verstärken die Streicher die Chorstimmen und der Basso continuo mit der Motivik der Symphonia umspielt den Chorbass nur. Jetzt erklingen die sechs Holzbläser. Das passt Bach nicht ins Konzept. Dabei sein müssen sie aber alle. So lässt er die beiden Flöten unisono, also mit einer Stimme spielen. Sie verstärken jeweils abwechselnd eine Stimme der vier Oboen. Dadurch bleibt es ein vierstimmiger Satz. Aber warum vier? Wie schon gesagt ist vier die Ordnungszahl für die Erde. Und diese II. Kantate endet mit der Aussage, er, Gott, ist vom Himmel auf die Erde gekommen, also endet sie vierstimmig. Bach hat die gesamte Symbolik nicht nur in den sechs Kantaten aufgezeigt, sondern auch in jedem einzelnen Chorsatz!

Peter Gühlke sagte mir zu diesem Thema: *„Also mir ist es immer so gegangen, dass genau das, was Sie geschildert haben, mir im Zusammenhang mit diesem Schluss in der II. Kantate mich fast nochmal zurück auf den Schluss der VI. Kantate bringt, weil da ja in größerer Dimension ein ähnliches Problem ist. Ich will mal ganz simpel sagen: Wenn ich den Hintergrund „O Haupt voll Blut und Wunden" dadurch, dass ich in dem ersten Choral die Melodie bereits präsent habe, wenn ich also diesen Hintergrund mit beschwöre, da ist ja sofort dem Geschehen eine Deutungsebene mitgegeben. Mit dieser Deutungsebene mache ich mir das Schließen schwer, wenn ich diese Pluralität der Ebenen habe, die ich ja aufrechterhalten, etwas simpel gesprochen, die ich bedienen muss. Dann wird ja eigentlich das Geschehen unabschließbar und man sagt wohl kaum zu viel, wenn man formuliert, dass Bach diese Unabschließbarkeit des Geschehens komponiert hat. Vor allen Dingen dadurch, dass er das h-Moll dieses Chorals, bei dem das „O Haupt voll Blut und Wunden" mit gedacht bleibt, gegen das jubelnde D-Dur des Orchesters setzt. Wir nehmen an, dass der Text und diese Gestaltung in einer Zusammenarbeit von Bach im Gespräch mit Picander und vielleicht mit einem Rostocker Theologen, der wahrscheinlich auch bei der Matthäus-Passion mindestens durch seine Schrift mitgewirkt hat,* *in Gesprächen entstanden ist. Ich könnte mir vorstellen, dass sich auch theologisch für die Textdichter die Frage stellte: Wie kommen wir denn aus der Geschichte raus, nachdem wir diese Pluralität der Ebenen so suggestiv mit diesem Choral von vornherein etabliert haben? Diesen D-Dur-Jubel des Schlusses soll das nicht vergessen lassen, dass das ein ungeheures Wagnis ist, diesen Hintergrund von „O Haupt voll Blut und Wunden", der natürlich immer irgendwie virulent ist, derartig umzudrehen."*

Es ist eben wirklich die messianische Heilserwartung, geglaubt und ihr eben auch Ausdruck verliehen: „Nun seid ihr wohl gerochen an eurer Feinde Schar, denn Christus hat zerbrochen, was euch zuwider war. Tod, Teufel, Sünd und Hölle sind ganz und gar geschwächt. Bei Gott hat seine Stelle das menschliche Geschlecht" (Nr. 64). Nicht zuletzt die Siegestonart D-Dur, der Trompetenjubel, macht es eindeutig und erfahrbar. Und die kämpferische, bis an die Grenzen der spielbaren Möglichkeiten gehende Trompete zeigt das auf. Wenn das Stück ohne Instrumentenangabe überliefert worden wäre, hätte es sicher Streit unter den Fachleuten gegeben, ob das eine Trompetenstimme sein kann. Also das scheinbar Unmögliche wird in den Dienst genommen. Man könnte fast eine Beethoven'sche Ästhetik einbringen. Bach hat da etwas wie Überforderung komponiert, ähnlich wie Beethoven im Finale der 9. Sinfonie. „Nun seid ihr wohlgerochen" – dazu hat es allergrößter Erniedrigung bedurft, um das aussprechen zu können.

Farbige Engelskulptur (18. Jh.), Detail, Murcia, Museo Salzillo

Verzeichnis der Musik- und Audioquellen

CD: Johann Sebastian Bach Weihnachtsoratorium BWV 248, Berlin Classics, Edel, 576 26839

Arleen Augér (Sopran), Annelies Burmeister (Alt), Peter Schreier (Tenor), Theo Adam (Bass), Michael Wittig (Kruzianer) (Sopran: Echo bei Nr. 39); Dresdner Kreuzchor, Dresdner Philharmonie unter der Leitung von Martin Flämig

Karl Suske (Violine I), Klaus Peters (Violine II), Eckart Haupt (Flöte I), Wolfgang Peschke (Flöte II), Manfred Bellmann (Oboe I), Gerd Schneider (Oboe II), Gerhard Hauptmann (Oboe d'amore I), Wolfgang Bemmann (Oboe d'amore II), Gerd Schneider (Oboe da caccia I), Helmut Nittel (Oboe da caccia II), Ludwig Güttler (Trompete I), Heinz Stiefel (Trompete II), Michael Schwarz (Trompete III), Lothar Böhm (Corno da caccia I), Karl-Heinz Brückner (Corno da caccia II)

Basso continuo: Herbert Collum (Orgel), Manfred Reichelt (Violoncello), Heinz Schmidt (Kontrabass), Günter Klier (Fagott)

Diese Aufnahme entstand 1974 in der Lukaskirche Dresden und erschien als Erstaufnahme auf Schallplatte von ETERNA 826693.

CD: Johann Sebastian Bach Weihnachtsoratorium BWV 248. Philips Classics, 475 9155

Helen Donath (Sopran und Engel), Andrea Ihle (Sopran Echo), Marjana Lipovšek (Alt), Peter Schreier (Tenor Evangelist), Eberhard Büchner (Tenor), Robert Holl (Bass und Herodes), Rundfunkchor Leipzig (Einstudierung: Jörg-Peter Weigle), Staatskapelle Dresden unter der Leitung von Peter Schreier

Peter Mirring (Violine I), Reinhard Ulbricht (Violine II), Eckart Haupt (Flöte I), Ulrich Philipp (Flöte II), Wolfgang Holzhäuser (Oboe I), Bernhard Mühlbach (Oboe II), Andreas Lorenz (Oboe d'amore I), Wolfgang Klier (Oboe d'amore II), Manfred Krause, (Oboe da caccia I), Peter Thieme (Oboe da caccia II), Peter Damm (Corno da caccia I), Dieter Pansa (Corno da caccia II), Thomas Käppler (Pauken alter Mensur)

Trompetenensemble Ludwig Güttler: Ludwig Güttler (Trompete I), Mathias Schmutzler (Trompete II), Roland Rudolph (Trompete III),

Basso continuo: Joachim Bischof (Violoncello), Werner Zeibig (Kontrabass), Günter Klier (Fagott), Christine Schornsheim (Orgel), Raphael Alpermann (Cembalo)

Diese Aufnahme entstand 1986/87 in der Lukaskirche Dresden und erschien als Erstaufnahme auf Schallplatte von ETERNA 725159-161.

CD: Johann Sebastian Bach Weihnachts-oratorium BWV 248, Berlin Classics, Edel 00113252BC

Christiane Oelze (Sopran), Annette Markert (Alt), Hans Peter Blochwitz (Tenor), Oliver Widmer (Bass), Concentus Vocalis Wien (Einstudierung: Herbert Böck), Virtuosi Saxoniae unter der Leitung von Ludwig Güttler

Mathias Schmutzler (Trompete I), Csaba Kelemen (Trompete II), Roland Rudolph (Trompete III), Mathias Schmutzler (Corno da caccia I), Roland Rudolph (Corno da caccia II), Thomas Käppler (Pauken), Eckart Haupt (Flöte I), Ulrich Philipp (Flöte II), Petra Andrejewski-Meining (Oboe I), Manfred Krause (Oboe II), Andreas Lorenz (Oboe d'amore I), Guido Titze (Oboe d'amore II), Frank Sonnabend (Oboe d'amore II, nur K. V), Roland Straumer (Violine I), Heinz-Dieter Richter (Violine II)

Basso continuo: Friedrich Kircheis (Orgel), Friedwart-Christian Dittmann (Violoncello), Werner Zeibig (Kontrabass); Basso ripieno: Christina Haupt (Cembalo), Günter Klier (Fagott)

Diese Aufnahme entstand 1995 in der Lukaskirche Dresden und erschien als Erstaufnahme bei Edel im gleichen Jahr.

CD: Ludwig Güttler und Peter Gülke im Gespräch über Johann Sebastian Bachs Weihnachtsoratorium BWV 248, Berlin Classics, Edel 0016262BC

Peter Gülke, geb. 1934, Promotion 1985 in Berlin, ab 1959 Dirigent u. Chefdirigent, seit 1976 Kapellmeister der Staatsoper Dresden, 1981 Generalmusikdirektor in Weimar, später in Wuppertal, bis 2000 Leitung der Dirigentenklasse in Freiburg, Gastdirigent von zahlreichen Opernaufführungen weltweit, zahlr. Forschungsarbeiten u. Auszeichnungen.

Ludwig Güttler, geb. 1943, Trompeten-Virtuose, Dirigent, Festivalgründer, 1965–1969 Orchestermusiker im Händelfestspielorchester in Halle, 1969–1980 in der Dresdner Philharmonie, Prof. für Trompete an der Hochschule für Musik in Dresden, Einspielung von über 50 Tonträgern, zahlreiche Auszeichnungen.

Von Ludwig Güttler im St. Benno Verlag bereits erschienen:

Jauchzet, frohlocket. Anekdoten rund um das Weihnachtsoratorium, Ludwig Güttler. Mit Illustrationen von Andreas Scheibner, St. Benno Verlag GmbH, Leipzig 2014. (mit CD).

Die Frauenkirche. Gedanken, Visionen, Erinnerungen, Ludwig Güttler, St. Benno Verlag GmbH, Leipzig 2015 (mit CD).

Auf, preiset die Tage. Weihnachtschoräle, die mich begleiten, Ludwig Güttler, St. Benno Verlag GmbH, Leipzig 2015 (mit CD).

Rühmet, was heute der Höchste getan. Bach Entdeckungen zu Weihnachten, Ludwig Güttler, St. Benno Verlag GmbH, Leipzig 2017 (mit CD)

Mein musikalischer Weihnachtsspaziergang durch Dresden. Festliche Weihnachtsmusik, Ludwig Güttler, St. Benno Verlag GmbH, Leipzig 2019 (mit CD)

Kantate I (Am 1. Weihnachtstag)

1. Chor

(Gesamtinstrumentarium: 3 Trp., Pk., 2 Flöten, 2 Ob. d'amore, 2 Ob. d. caccia, Streicher, Basso continuo: Vcl., Kb., Fag., Orgel, Cembalo, Chor, Solisten)

Jauchzet, frohlocket! auf, preiset die Tage,
Rühmet, was heute der Höchste getan!
Lasset das Zagen, verbannet die Klage,
Stimmet voll Jauchzen und Fröhlichkeit an!
Dienet dem Höchsten mit herrlichen Chören,
Lasst uns den Namen des Herrschers verehren!

2. Rezitativ (Tenor) – Evangelist

(Basso continuo)

Es begab sich aber zu der Zeit, dass ein Gebot von dem Kaiser Augusto ausging, dass alle Welt geschätzet würde. Und jedermann ging, dass er sich schätzen ließe, ein jeglicher in seine Stadt. Da machte sich auch auf Joseph aus Galiläa, aus der Stadt Nazareth, in das jüdische Land zur Stadt David, die da heißet Bethlehem; darum, dass er von dem Hause und Geschlechte David war: auf dass er sich schätzen ließe mit Maria, seinem vertrauten Weibe, die war schwanger. Und als sie daselbst waren, kam die Zeit, dass sie gebären sollte.

3. Rezitativ (Alt)

(2 Ob. d'amore, B.c.)

Nun wird mein liebster Bräutigam,
Nun wird der Held aus Davids Stamm
Zum Trost, zum Heil der Erden
Einmal geboren werden.
Nun wird der Stern aus Jakob scheinen,
Sein Strahl bricht schon hervor.
Auf, Zion, und verlasse nun das Weinen,
Dein Wohl steigt hoch empor!

4. Arie (Alt)

(Ob. d'amore, 1. Violinen, B.c.)

Bereite dich, Zion, mit zärtlichen Trieben,
Den Schönsten, den Liebsten bald bei dir zu sehn!
Deine Wangen
müssen heut viel schöner prangen,
eile, den Bräutigam sehnlichst zu lieben!

5. Choral

(2 Fl., 2 Ob. d'amore, Streicher, B.c.)

Wie soll ich dich empfangen
Und wie begegn' ich dir?
O aller Welt Verlangen,
O meiner Seelen Zier!
O Jesu, Jesu, setze
Mir selbst die Fackel bei,
Damit, was dich ergötze,
Mir kund und wissend sei!

6. Rezitativ (Tenor) – Evangelist

(B.c.)

Und sie gebar ihren ersten Sohn und wickelte ihn in Windeln und legte ihn in eine Krippen, denn sie hatten sonst keinen Raum in der Herberge.

7. *Choral (Sopran)* und Rezitativ (Bass)

(2 Ob. d'amore, B.c.)

Er ist auf Erden kommen arm,
Wer will die Liebe recht erhöhn,
Die unser Heiland vor uns hegt?
Dass er unser sich erbarm,
Ja, wer vermag es einzusehen,
Wie ihn der Menschen Leid bewegt?
Und in dem Himmel mache reich,
Des Höchsten Sohn kömmt in die Welt,
Weil ihm ihr Heil so wohl gefällt,
Und seinen lieben Engeln gleich.
So will er selbst als Mensch geboren werden.
Kyrieleis!

8. Arie (Bass)

(Tr., Fl., Streicher, B.c.)

Großer Herr, o starker König,

Liebster Heiland, o wie wenig
Achtest du der Erden Pracht!
Der die ganze Welt erhält,
Ihre Pracht und Zier erschaffen,
Muss in harten Krippen schlafen.

9. Choral
(Gesamtinstrumentarium)

Ach mein herzliebes Jesulein,
Mach dir ein rein sanft Bettelein,
Zu ruhn in meines Herzens Schrein,
Dass ich nimmer vergesse dein!

Kantate II (Am 2. Weihnachtstag)

(Gesamtinstrumentarium: 2 Fl., 2 Ob. d'amore, 2 Ob. d. caccia, Streicher, B.c.: Vcl., Kb., Fag., Orgel, Cembalo)

10. Sinfonia
(Gesamtinstrumentarium)

11. Rezitativ (Tenor) – Evangelist
(B.c.)

Und es waren Hirten in derselben Gegend auf dem Felde bei den Hürden, die hüteten des Nachts ihre Herde. Und siehe, des Herren Engel trat zu ihnen, und die Klarheit des Herren leuchtet um sie, und sie furchten sich sehr.

12. Choral
(Gesamtinstrumentarium)

Brich an, o schönes Morgenlicht,
Und lass den Himmel tagen!
Du Hirtenvolk, erschrecke nicht,
Weil dir die Engel sagen,
Dass dieses schwache Knäbelein
Soll unser Trost und Freude sein,
Dazu den Satan zwingen
Und letztlich Friede bringen!

13. Rezitativ (Tenor, Sopran) – Evangelist
(B.c., Streicher)

Und der Engel sprach zu ihnen:
Fürchtet euch nicht, siehe, ich verkündige euch große Freude, die allem Volke widerfahren wird. Denn euch ist heute der Heiland geboren, welcher ist Christus, der Herr, in der Stadt David.

14. Rezitativ (Bass)
(2 Ob. d'amore, 2 Ob. d. caccia, B.c.)

Was Gott dem Abraham verheißen,
Das lässt er nun dem Hirtenchor
Erfüllt erweisen.
Ein Hirt hat alles das zuvor
Von Gott erfahren müssen.
Und nun muss auch ein Hirt die Tat,
Was er damals versprochen hat,
Zuerst erfüllet wissen.

15. Arie (Tenor)
(Flöte, B.c.)

Frohe Hirten, eilt, ach eilet,
Eh ihr euch zu lang verweilet,
Eilt, das holde Kind zu sehn!
Geht, die Freude heißt zu schön,
Sucht die Anmut zu gewinnen,
Geht und labet Herz und Sinnen!

16. Rezitativ (Tenor) – Evangelist
(B.c.)

Und das habt zum Zeichen: Ihr werdet finden das Kind in Windeln gewickelt und in einer Krippe liegen.

17. Choral
(Gesamtinstrumentarium)

Schaut hin, dort liegt im finstern Stall,
Des Herrschaft gehet überall!
Da Speise vormals sucht ein Rind,
Da ruhet itzt der Jungfrau'n Kind.

18. Rezitativ (Bass)

(2 Ob. d'amore, 2 Ob. d. caccia, B.c.)

So geht denn hin, ihr Hirten, geht,
Dass ihr das Wunder seht:
Und findet ihr des Höchsten Sohn
In einer harten Krippe liegen,
So singet ihm bei seiner Wiegen
Aus einem süßen Ton
Und mit gesamtem Chor
Dies Lied zur Ruhe vor!

19. Arie (Alt)

(Flöte, 2 Ob. d'amore, 2 Ob. d. caccia, Streicher, B.c.)

Schlafe, mein Liebster, genieße der Ruh,
Wache nach diesem vor aller Gedeihen!
Labe die Brust,
Empfinde die Lust,
Wo wir unser Herz erfreuen!

20. Rezitativ (Tenor) – Evangelist

(B.c.)

Und alsobald war da bei dem Engel die Menge der himmlischen Heerscharen, die lobten Gott und sprachen:

21. Chor

(Gesamtinstrumentarium)

Ehre sei Gott in der Höhe und Friede auf Erden und den Menschen ein Wohlgefallen.

22. Rezitativ (Bass)

(B.c.)

So recht, ihr Engel, jauchzt und singet,
Dass es uns heut so schön gelinget!
Auf denn! wir stimmen mit euch ein,
Uns kann es so wie euch erfreun.

23. Choral

(Gesamtinstrumentarium)

Wir singen dir in deinem Heer
Aus aller Kraft, Lob, Preis und Ehr,
Dass du, o lang gewünschter Gast,
Dich nunmehr eingestellet hast.

Kantate III (Am 3. Weihnachtstag)

(Gesamtinstrumentarium: 3 Tr., Pk, 2 Fl., 2 Ob. (d'amore), Streicher, B.c.: Vcl., Kb., Fag., Orgel, Cembalo)

24. Chor

(Gesamtinstrumentarium)

Herrscher des Himmels, erhöre das Lallen,
Lass dir die matten Gesänge gefallen,
Wenn dich dein Zion mit Psalmen erhöht!
Höre der Herzen frohlockendes Preisen,
Wenn wir dir itzo die Ehrfurcht erweisen,
Weil unsre Wohlfahrt befestiget steht!

25. Rezitativ (Tenor) – Evangelist

(B.c.)

Und da die Engel von ihnen gen Himmel fuhren, sprachen die Hirten untereinander:

26. Chor

(Gesamtinstrumentarium: 2 Fl., 2 Ob. d'amore, Streicher, B.c.)

Lasset uns nun gehen gen Bethlehem und die Geschichte sehen, die da geschehen ist, die uns der Herr kundgetan hat.

27. Rezitativ (Bass)

(2 Fl., B.c.)

Er hat sein Volk getröst',
Er hat sein Israel erlöst,
Die Hülf aus Zion hergesendet
Und unser Leid geendet.
Seht, Hirten, dies hat er getan;
Geht, dieses trefft ihr an!

28. Choral
(2 Fl., 2 Ob., Str., B.c.)

Dies hat er alles uns getan,
Sein groß Lieb zu zeigen an;
Des freu sich alle Christenheit
Und dank ihm des in Ewigkeit.
Kyrieleis!

29. Arie [Duett] (Sopran, Bass)
(2 Ob.d'amore, B.c.)

Herr, dein Mitleid, dein Erbarmen
Tröstet uns und macht uns frei.
Deine holde Gunst und Liebe,
Deine wundersamen Triebe
Machen deine Vatertreu
Wieder neu.

30. Rezitativ (Tenor) – Evangelist
(B.c.)

Und sie kamen eilend und funden beide, Mariam und Joseph, dazu das Kind in der Krippe liegen. Da sie es aber gesehen hatten, breiteten sie das Wort aus, welches zu ihnen von diesem Kind gesaget war. Und alle, für die es kam, wunderten sich der Rede, die ihnen die Hirten gesaget hatten. Maria aber behielt alle diese Worte und bewegte sie in ihrem Herzen.

31. Arie (Alt)
(Violine, B.c.)

Schließe, mein Herze, dies selige Wunder
Fest in deinem Glauben ein!
Lasse dies Wunder, die göttlichen Werke,
Immer zur Stärke
Deines schwachen Glaubens sein!

32. Rezitativ (Alt)
(2 Flöten, B.c.)

Ja, ja, mein Herz soll es bewahren,
Was es an dieser holden Zeit
Zu seiner Seligkeit
Für sicheren Beweis erfahren.

33. Choral
(2 Fl., 2 Ob., Str., B.c.)

Ich will dich mit Fleiß bewahren,
Ich will dir
Leben hier,
Dir will ich abfahren,
Mit dir will ich endlich schweben
Voller Freud
Ohne Zeit
Dort im andern Leben.

34. Rezitativ (Tenor) – Evangelist
(B.c.)

Und die Hirten kehrten wieder um, preiseten und lobten Gott um alles, das sie gesehen und gehöret hatten, wie denn zu ihnen gesaget war.

35. Choral
(2 Fl., 2 Ob., Str., B.c.)

Seid froh dieweil,
Dass euer Heil
Ist hie ein Gott und auch ein Mensch geboren,
Der, welcher ist
Der Herr und Christ
In Davids Stadt, von vielen auserkoren.

Wiederholung des Eingangschores (Nr. 24) als Abschluss der Kantate III

Kantate IV (Am Fest der Beschneidung Christi)

(Gesamtinstrumentarium: 2 Corni da caccia, 2 Ob., Streicher, B.c.: Vcl., Kb., Fag., Orgel, Cembalo)

36. Chor
(Gesamtinstrumentarium)

Fallt mit Danken, fallt mit Loben
Vor des Höchsten Gnadenthron!
Gottes Sohn
Will der Erden
Heiland und Erlöser werden,
Gottes Sohn
Dämpft der Feinde Wut und Toben.

37. Rezitativ (Tenor) – Evangelist
(B.c.)

Und da acht Tage um waren, dass das Kind beschnitten würde, da ward sein Name genennet Jesus, welcher genennet war von dem Engel, ehe denn er im Mutterleibe empfangen ward.

38. Rezitativ (Bass) mit Choral (Sopran)
(Streicher, B.c.)

Immanuel, o süßes Wort!
Mein Jesus heißt mein Hort,
Mein Jesus heißt mein Leben.
Mein Jesus hat sich mir ergeben,
Mein Jesus soll mir immerfort
Vor meinen Augen schweben.
Mein Jesus heißet meine Lust,
Mein Jesus labet Herz und Brust.
Choral:
    Jesu, du mein liebstes Leben,
Komm! Ich will dich mit Lust umfassen,
Choral:
    Meiner Seelen Bräutigam,
Mein Herze soll dich nimmer lassen,
Choral:
    Der du dich vor mich gegeben
Ach! So nimm mich zu dir!
Choral:
    An des bittern Kreuzes Stamm!
Auch in dem Sterben sollst du mir
Das Allerliebste sein;
In Not, Gefahr und Ungemach
Seh ich dir sehnlichst nach.
Was jagte mir zuletzt der Tod für Grauen ein?
Mein Jesus! Wenn ich sterbe,
So weiß ich, dass ich nicht verderbe.
Dein Name steht in mir geschrieben,
Der hat des Todes Furcht vertrieben.

39. Arie (Sopran)
(Oboe, Echosopran, B.c.)

Flößt, mein Heiland, flößt dein Namen
Auch den allerkleinsten Samen
Jenes strengen Schreckens ein?
Nein, du sagst ja selber nein. (Nein!)
Sollt ich nun das Sterben scheuen?
Nein, dein süßes Wort ist da!
Oder sollt ich mich erfreuen?
Ja, du Heiland sprichst selbst ja. (Ja!)

40. Rezitativ (Bass) mit Choral (Sopran)
(Streicher, B.c.)

Wohlan, dein Name soll allein
In meinem Herzen sein!
Choral:
    Jesu, meine Freud und Wonne,
    Meine Hoffnung, Schatz und Teil,
So will ich dich entzücket nennen,
Wenn Brust und Herz zu dir vor Liebe brennen.
Choral:
    Mein Erlösung, Schmuck und Heil,
    Hirt und König, Licht und Sonne,
Doch, Liebster, sage mir:
Wie rühm ich dich, wie dank ich dir?
Choral:
    Ach! wie soll ich würdiglich,
    Mein Herr Jesu, preisen dich?

41. Arie (Tenor)
(2 Violinen, B.c.)

Ich will nur dir zu Ehren leben,

Mein Heiland, gib mir Kraft und Mut,
Dass es mein Herz recht eifrig tut!
Stärke mich,
Deine Gnade würdiglich
Und mit Danken zu erheben!

42. Choral

(Gesamtinstrumentarium)

Jesus richte mein Beginnen,
Jesus bleibe stets bei mir,
Jesus zäume mir die Sinnen,
Jesus sei nur mein Begier,
Jesus sei mir in Gedanken,
Jesu, lasse mich nicht wanken!

Kantate V (Am Sonntag nach Neujahr)

(Gesamtinstrumentarium: 2 Ob. d'amore, Streicher, B.c.: Vcl., Kb., Fag., Orgel, Cembalo)

43. Chor

(Gesamtinstrumentarium)

Ehre sei dir, Gott, gesungen,
Dir sei Lob und Dank bereit.
Dich erhebet alle Welt,
Weil dir unser Wohl gefällt,
Weil anheut
Unser aller Wunsch gelungen,
Weil uns dein Segen so herrlich erfreut.

44. Rezitativ (Tenor) – Evangelist

(B.c.)

Da Jesus geboren war zu Bethlehem im jüdischen Lande zur Zeit des Königes Herodis, siehe, da kamen die Weisen vom Morgenlande gen Jerusalem und sprachen.

45. Chor und Rezitativ (Alt)

(Gesamtinstrumentarium)

Wo ist der neugeborne König der Jüden?
Sucht ihn in meiner Brust,
Hier wohnt er, mir und ihm zur Lust!
Wir haben seinen Stern gesehen im Morgenlande und sind kommen, ihn anzubeten.
Wohl euch, die ihr dies Licht gesehen,
Es ist zu eurem Heil geschehen!
Mein Heiland, du, du bist das Licht,
Das auch den Heiden scheinen sollen,
Und sie, sie kennen dich noch nicht,
Als sie dich schon verehren wollen.
Wie hell, wie klar muss nicht dein Schein,
Geliebter Jesu, sein!

46. Choral

(Gesamtinstrumentarium)

Dein Glanz all Finsternis verzehrt,
Die trübe Nacht in Licht verkehrt.
Leit uns auf deinen Wegen,
Dass dein Gesicht
Und herrlichs Licht
Wir ewig schauen mögen!

47. Arie (Bass)

(Ob. d'amore, Orgel)

Erleucht auch meine finstre Sinnen,
Erleuchte mein Herze
Durch der Strahlen klaren Schein!
Dein Wort soll mir die hellste Kerze
In allen meinen Werken sein;
Dies lässet die Seele nichts Böses beginnen.

48. Rezitativ (Tenor) – Evangelist

(B.c.)

Da das der König Herodes hörte, erschrak er und mit ihm das ganze Jerusalem.

49. Rezitativ (Alt)

(Streicher, B.c.)

Warum wollt ihr erschrecken?
Kann meines Jesu Gegenwart euch solche Furcht erwecken?

O! solltet ihr euch nicht
Vielmehr darüber freuen,
Weil er dadurch verspricht,
Der Menschen Wohlfahrt zu verneuen.

50. Rezitativ (Tenor) – Evangelist

(B.c.)

Und ließ versammeln alle Hohepriester und Schriftgelehrten unter dem Volk und erforschete von ihnen, wo Christus sollte geboren werden. Und sie sagten ihm: Zu Bethlehem im jüdischen Lande; denn also stehet geschrieben durch den Propheten: Und du Bethlehem im jüdischen Lande bist mitnichten die kleinste unter den Fürsten Juda; denn aus dir soll mir kommen der Herzog, der über mein Volk Israel ein Herr sei.

51. Arie (Terzett: Sopran, Alt, Tenor)

(Violine, B.c.)

Ach, wenn wird die Zeit erscheinen?
Ach, wenn kömmt der Trost der Seinen?
Schweigt, er ist schon würklich hier!
Jesu, ach so komm zu mir!

52. Rezitativ (Alt)

(2 Ob. d'amore, B.c.)

Mein Liebster herrschet schon.
Ein Herz, das seine Herrschaft liebet
Und sich ihm ganz zu eigen gibet,
Ist meines Jesu Thron.

53. Choral

(Gesamtinstrumentarium)

Zwar ist solche Herzensstube
Wohl kein schöner Fürstensaal,
Sondern eine finstre Grube;
Doch, sobald dein Gnadenstrahl
In denselben nur wird blinken,
Wird es voller Sonnen dünken.

Kantate VI (Am Epiphaniasfest)

(Gesamtinstrumentarium: 3 Trp., Pk., 2 Ob. (d'amore), Streicher, B.c.: Vcl., Kb., Fag., Orgel, Cembalo)

54. Chor

(Gesamtinstrumentarium)

Herr, wenn die stolzen Feinde schnauben,
So gib, dass wir im festen Glauben
Nach deiner Macht und Hülfe sehn!
Wir wollen dir allein vertrauen,
So können wir den scharfen Klauen
Des Feindes unversehrt entgehn.

55. Rezitativ (Tenor, Bass)

(B.c.)

Evangelist:
Da berief Herodes die Weisen heimlich und erlernet mit Fleiß von ihnen, wenn der Stern erschienen wäre? und weiset sie gen Bethlehem und sprach:
Herodes:
Ziehet hin und forschet fleißig nach dem Kindlein, und wenn ihr's findet, sagt mir's wieder, dass ich auch komme und es anbete.

56. Rezitativ (Sopran)

(Streicher, B.c.)

Du Falscher, suche nur den Herrn zu fällen,
Nimm alle falsche List,
Dem Heiland nachzustellen;
Der, dessen Kraft kein Mensch ermisst,
Bleibt doch in sichrer Hand.
Dein Herz, dein falsches Herz ist schon,
Nebst aller seiner List, des Höchsten Sohn,
Den du zu stürzen suchst, sehr wohl bekannt.

57. Arie (Sopran)

(Ob. d'amore, Streicher, B.c.)

Nur ein Wink von seinen Händen
Stürzt ohnmächtger Menschen Macht.

Hier wird alle Kraft verlacht!
Spricht der Höchste nur ein Wort,
Seiner Feinde Stolz zu enden,
O, so müssen sich sofort
Sterblicher Gedanken wenden.

58. Rezitativ (Tenor) – Evangelist
(B.c.)

Als sie nun den König gehöret hatten, zogen sie hin. Und siehe, der Stern, den sie im Morgenlande gesehen hatten, ging für ihnen hin, bis dass er kam und stund oben über, da das Kindlein war. Da sie den Stern sahen, wurden sie hoch erfreuet und gingen in das Haus und funden das Kindlein mit Maria, seiner Mutter, und fielen nieder und beteten es an und täten ihre Schätze auf und schenkten ihm Gold, Weihrauch und Myrrhen.

59. Choral
(Gesamtinstrumentarium)

Ich steh an deiner Krippen hier,
O Jesulein, mein Leben;
Ich komme, bring und schenke dir,
Was du mir hast gegeben.
Nimm hin! es ist mein Geist und Sinn,
Herz, Seel und Mut, nimm alles hin,
Und lass dir's wohlgefallen!

60. Rezitativ (Tenor) – Evangelist
(B.c.)

Und Gott befahl ihnen im Traum, dass sie sich nicht sollten wieder zu Herodes lenken, und zogen durch einen andern Weg wieder in ihr Land.

61. Rezitativ (Tenor)
(2 Ob. d'amore, B.c.)

So geht! Genug, mein Schatz geht nicht von hier,
Er bleibet da bei mir,
Ich will ihn auch nicht von mir lassen.
Sein Arm wird mich aus Lieb
Mit sanftmutsvollem Trieb
Und größter Zärtlichkeit umfassen;
Er soll mein Bräutigam verbleiben,
Ich will ihm Brust und Herz verschreiben.
Ich weiß gewiss, er liebet mich,
Mein Herz liebt ihn auch inniglich
Und wird ihn ewig ehren.
Was könnte mich nun für ein Feind
Bei solchem Glück versehren!
Du, Jesu, bist und bleibst mein Freund;
Und werd ich ängstlich zu dir flehn:
Herr, hilf!, so lass mich Hülfe sehn!

62. Arie (Tenor)
(2 Ob. d'amore, B.c.)

Nun mögt ihr stolzen Feinde schrecken;
Was könnt ihr mir für Furcht erwecken?
Mein Schatz, mein Hort ist hier bei mir.
Ihr mögt euch noch so grimmig stellen,
Droht nur, mich ganz und gar zu fällen,
Doch seht! mein Heiland wohnet hier.

63. Rezitativ (Sopran, Alt, Tenor, Bass)
(B.c.)

Was will der Höllen Schrecken nun,
Was will uns Welt und Sünde tun,
Da wir in Jesu Händen ruhn?

64. Choral
(Gesamtinstrumentarium)

Nun seid ihr wohl gerochen
An eurer Feinde Schar,
Denn Christus hat zerbrochen,
Was euch zuwider war.
Tod, Teufel, Sünd und Hölle
Sind ganz und gar geschwächt;
Bei Gott hat seine Stelle
Das menschliche Geschlecht.

Bibliografische Information der Deutschen Nationalbibliothek
Die Deutsche Nationalbibliothek verzeichnet diese Publikation in der Deutschen Nationalbibliografie; detaillierte bibliografische Daten sind im Internet über http://dnb.d-nb.de abrufbar.

Bilder
Cover: Anton Raphael Mengs, Die Heilige Nacht (1754/55), Braunschweig, Städtisches Museum, © picture alliance / akg-images
Vorsatz: Cornelius Schut (1597–1655), Geburt Jesu, © stock.adobe.com / Renáta Sedmáková
Seite 6/7: © mauritius images / SuperStock / Fine Art Images
Seite 8/9, 12/13, 20-25, 33, 37, 39, 45, 51: © Verlagsarchiv
Seite 10/11: © mauritius images / XYZ PICTURES / imageBROKER
Seite 15: © picture alliance / akg-images / Rabatti-Domingie
Seite 17: © mauritius images / PRISMA ARCHIVO / Alamy
Seite 19: © Renata Sedmakova / Shutterstock
Seite 27: © mauritius images / Jozef sedmak / Alamy
Seite 29: © mauritius images / United Archives / De Agostini
Seite 31: © mauritius images / blickwinkel / Alfred Schauhuber
Seite 34/35: © mauritius images / Pictures Now / Alamy
Seite 40/41: © mauritius images / SuperStock
Seite 43: © mauritius images / Martin Siepmann / imageBROKER
Seite 46/47: © meunierd / Shutterstock
Seite 49: © mauritius images / United Archives / De Agostini

Der Verlag hat sich bemüht, alle Rechteinhaber in Erfahrung zu bringen. Für weitere Hinweise sind wir sehr dankbar.

Besuchen Sie uns im Internet:
www.st-benno.de

Gern informieren wir Sie unverbindlich und aktuell auch in unserem Newsletter zum Verlagsprogramm, zu Neuerscheinungen und Aktionen. Einfach anmelden unter www.st-benno.de.

ISBN 978-3-7462-5769-3

© St. Benno Verlag GmbH, Leipzig
Covergestaltung: Ulrike Vetter, Leipzig
Gesamtherstellung: Arnold & Domnick, Leipzig (A)